Pequeños EXPERTOS EN ecología

Acciones para proteger el bosque

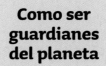

Proteger el bosque

Como ser guardianes del planeta

PowerKiDS press

Published in 2023 by PowerKids, an Imprint of Rosen Publishing
29 East 21st Street, New York, NY 10010

Cataloging-in-Publication Data
Names: Editorial Sol 90 (Firm).
Title: Acciones para proteger el bosque / by the editors at Sol90.
Description: New York : Powerkids Press, 2023. | Series: Pequeños expertos
en ecología
Identifiers: ISBN 9781725337404 (pbk.) | ISBN 9781725337428 (library bound)
| ISBN 9781725337411 (6pack) | ISBN 9781725337435 (ebook)
Subjects: LCSH: Deforestation--Juvenile literature. | Forest ecology--
Juvenile literature. | Forests and forestry--Juvenile literature.
Classification: LCC SD418.W397 2023 | DDC 634.9'5--dc23

Coordinación: Nuria Cicero
Edición: Alberto Hernández
Edición, español: Diana Osorio
Maquetación: Àngels Rambla
Adaptación de diseño: Raúl Rodriguez, R studio T, NYC
Equipo de obra: Vicente Ponce, Rosa Salvía, Paola Fornasaro
Asesoría científica: Teresa Martínez Barchino

Infografías e imágenes:
www.infographics90.com
Agencias: Getty/Thinkstock, AGE Fotostock, Cordon Press/Corbis, Shutters-
tock.

Manufactured in the United States of America

CPSIA Compliance Information: Batch #CSPK23. For Further Information
contact Rosen Publishing, New York, New York at 1-800-237-9932.

Find us on

CONTENIDO

¿QUÉ ES UN ECOSISTEMA?

Un ecosistema es un espacio natural formado por los seres vivos que viven en él y por el medio en el que se relacionan. El bosque y la selva son sólo algunos de ellos.

Variedad

En la Tierra hay muchos ecosistemas diferentes que podemos clasificar en terrestres (taiga, selvas, bosques, sabanas, etc.), acuáticos (mares, lagos, ríos) y mixtos (costas, humedales).

Tundra

Taiga

Estepa

Pradera

Desierto

Sabana

Ártico

Subártico

Bosque templado

Templado

Tropical

Selva

El factor climático

El clima influye decisivamente en los ecosistemas. En nuestro planeta existen cuatro grandes zonas climáticas. Fíjate que están representadas en esta pirámide: clima tropical, templado, subártico y ártico. A su vez incluyen diferentes biomas, es decir, lugares que comparten clima, flora y fauna.

JUEGO DE CONTRASTES

Dentro de cada ecosistema hablamos de hábitats para referirnos al entorno natural en el que viven las especies animales. En la Tierra existen muchos y muy variados.

Selva

La selva tropical es la formación forestal en la que convive la mayor cantidad de especies vegetales y animales del planeta.

Selva

Arrecife de coral

Arrecife de coral

Es uno de los ecosistemas acuáticos más bellos, complejos y con mayor diversidad de los fondos marinos.

Desierto

Antártida

La Antártida, con temperaturas de hasta -70 °C y vientos superiores a 200 km/h, es un enorme continente blanco y el hábitat más frío y ventoso del planeta.

Desierto

En este espacio árido y estéril sobreviven plantas y animales muy bien adaptados a la escasez de agua.

Antártida

LA CADENA TRÓFICA

Igual que en el resto de ecosistemas, en los bosques se observa cómo los reinos vegetal y animal se relacionan y se complementan. Ese ciclo completo de supervivencia se conoce como cadena trófica. Su gran motor es el sol, que transmite energía a las plantas y, a partir de ellas, al resto de los seres vivos.

Sol

BOSQUE

Plantas

Hongos

Aves

Reino vegetal

Hongos, setas y bacterias se alimentan de desechos y animales muertos, y nutren el suelo en el que crecerán las plantas.

Reptiles

Reino animal

Hay animales, como el conejo, que comen plantas. Ellos sirven de alimento a los carnívoros, víctimas, a su vez, de otros depredadores mayores.

Mamíferos

¿QUÉ SUPERPODER TIENEN LOS BOSQUES?

Regulan el ambiente

En los climas cálidos proporcionan frescura y humedad; en los fríos, calor y abrigo.

Filtran y depuran las aguas

Actúan como depuradores del agua procedente de las lluvias o las nieves.

Los bosques inciden favorablemente sobre el medio ambiente del planeta y tienen una influencia directa sobre el territorio en el que crecen y al que protegen.

Retienen el suelo

Con sus raíces y su espesura, la vegetación del bosque fija el suelo y evita que las lluvias lo erosionen.

Fijan el CO_2

Los bosques absorben grandes cantidades de CO_2, el más importante de los gases invernadero de la atmósfera.

EL BOSQUE TEMPLADO

Es un tipo de bosque muy común en las regiones de clima suave o templado, sobre todo en el hemisferio norte. Se caracteriza por la amplia variedad de tipos de árbol que lo componen.

Caducifolios y perennes

En los bosque templados podemos encontrar tanto árboles de hoja caduca –las pierden en invierno y rebrotan en primavera–, como el roble y la haya, como de hoja perenne (pino, encina).

10ºC
es la temperatura promedio de los bosques templados

La fauna

Muchos animales (insectos, gusanos, culebras) viven en el suelo de los bosques templados, entre la hojarasca. Otros, como los lobos, osos, ciervos o jabalíes, cada vez son menos comunes por la presencia cercana del ser humano.

EL BOSQUE TROPICAL

Es el tipo de bosque con mayor diversidad del planeta. Crece entre los trópicos de Cáncer y Capricornio, y puede ser seco, húmedo o monzónico. La selva es el mejor ejemplo de bosque tropical húmedo.

Vegetación

El clima lluvioso y húmedo de las zonas tropicales favorece el crecimiento de la vegetación. Los bosques son frondosos y algunos árboles alcanzan alturas de más de 50 metros.

2.5

**millones de
insectos viven en
el Amazonas.**

La fauna

**La gran humedad de este bioma lo
hace muy propicio para los insectos.
Además, numerosas especies de monos
y aves viven en sus árboles, mientras
que en el suelo predominan los reptiles
y mamíferos, como el tigre o el jaguar.**

EL BOSQUE BOREAL

También llamado taiga, este bioma se localiza en la parte norte del planeta y se compone básicamente de grandes bosques de coníferas capaces de soportar inviernos muy largos y fríos.

-70ºC
temperatura que llegan a soportar estos bosques

¿Qué es una conífera?

Es un tipo de planta, en general árboles, que se caracteriza por tener semillas con forma de cono y hojas tipo aguja. Son coníferas los pinos, abetos, cipreses y sequoias.

La fauna

En el bosque boreal no hay muchas especies debido al intenso frío. De hecho, en los meses de invierno bastantes animales hibernan o emigran. El oso, el alce, el zorro, la ardilla, el lobo o el búho son algunos de los animales más característicos.

EL BOSQUE DE MANGLAR

Este singular tipo de bosque tropical aparece en zonas costeras y estuarios. Su nombre proviene de los mangles, árboles que toleran la falta de oxígeno y la salinidad del agua del mar.

Sundarbans, en el sudeste asiático, es el bosque de manglar más grande del mundo. Abarca el delta de tres ríos: Ganges, Brahmaputra y Meghna.

Árboles especiales

Los mangles tienen grandes raíces que crecen para salvarse de las mareas altas y obtener oxígeno del aire. Con sus raíces arqueadas soportan la estructura del árbol sobre el terreno inestable.

El tigre de Bengala habita en los sundabans. Tiene muy desarrollados los sentidos de la audición y la visión que utiliza para cazar, durante las noches, en los ambientes del manglar.

LAS AMENAZAS

Incendios

A veces, el hombre los provoca voluntariamente para convertir el terreno en pastizales, cultivos o suelo urbanizable.

Tala indiscriminada

Tiene consecuencias muy graves: empobrecimiento de los suelos y desaparición de la fauna y la flora. Hay que practicar la tala selectiva, cortando sólo lo preciso.

Lluvia ácida

Algunos bosques de América del Norte y Europa han sido víctimas de la lluvia ácida, que envenena la vegetación y el suelo de los bosques y contribuye a la deforestación.

Los bosques soportan graves agresiones derivadas de la actividad humana. Los incendios, la tala indiscriminada, el vertido incontrolado de basuras y la lluvia ácida son sus principales enemigos.

Vertido de basuras

Las basuras en el bosque son nefastas. Degradan el paisaje, contaminan las aguas pluviales y causan incendios.

¿SABÍAS QUE?

Hacen falta 22 árboles para producir el oxígeno que necesita una persona para respirar un día entero.

22 ✕ 🌳 ➔ **O₂** ✕ 🧍 ✕ **día**

LA DEFORESTACIÓN

Cada año se destruyen miles de hectáreas de selvas en el mundo. Estos ecosistemas, que tardaron miles de años en alcanzar su madurez, se han convertido en cultivos, pastos o desiertos, originando graves desastres naturales.

¿SE PUEDEN RECUPERAR LOS BOSQUES?

Sí, pero es un proceso muy lento y difícil. Por eso es necesario conservalos. Aunque a un ritmo muy lento, algunos gobiernos han empezado a tomar medidas para conservar sus bosques y han iniciado la reforestación de zonas desertizadas.

La amazonia amenazada

La selva amazónica ha sufrido en las últimas décadas una deforestación feroz. Su destrucción causaría un colapso ecológico cuyas gravísimas consecuencias se sentirían de forma mundial.

Bosque templado

Bosque templado cortado o quemado

RECUPERACIÓN

2 años – Aparecen los primeros brotes

15 años – Empieza a formarse el bosque

Más de 100 años – El bosque queda como estaba antes de ser cortado

LAS INUNDACIONES

Ríos sin control

Cuando los ríos aumentan repentinamente su caudal, destruyen la ribera. La tierra es arrastrada río abajo, convertida en barro.

Cuando se tala un bosque, el terreno pierde la capa protectora que absorbe buena parte del agua de la lluvia. En consecuencia, cuando llueve es más probable que se produzcan inundaciones torrenciales.

Inundación

El agua y el barro llegan al curso bajo del río e inundan las zonas pobladas cercanas a la desembocadura.

Sin cobertura

Al perder la cobertura vegetal, el agua de la lluvia se escurre por el suelo, erosionándolo.

RECUPERAR UN BOSQUE QUEMADO

Tras un incendio, el bosque puede recuperarse si hay intervención del hombre. Si no hay repoblación forestal, la recuperación total del bosque tarda 100 años.

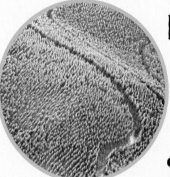

Repoblación forestal

Se lleva a cabo un plan de reforestación, repoblando el terreno preparado previamente con las especies de árboles más convenientes para el ecosistema de la zona afectada.

Preparar el terreno

Tras el incendio, desaparece el manto vegetal que protege el suelo del bosque. Para evitar que las lluvias lo erosionen, hay que preparar el terreno especialmente.

REFORESTACIÓN

Quitar los quemados

Hay que retirar los árboles y la madera quemados para evitar la aparición de plagas, manteniendo los que sobrevivieron a las llamas.

¿QUÉ PUEDES HACER TÚ?

Lo mejor que puedes hacer para preservar el bosque es no dejar rastro alguno de tu presencia. Para conseguirlo, sigue estas **5** REGLAS:

1 No enciendas fuego

No enciendas fuego en el bosque. Podrías provocar un incendio y quemarlo, y además, ponerte a ti mismo y a tus acompañantes en peligro.

2 Recoge la basura

Si vas de excursión al bosque y llevas comida, recoge la basura que produzcas; llévatela y tírala en el contenedor que corresponda.

3 Respeta a los animales

Puedes acercarte y obsérvarlos con precaución. Pero no los molestes; es peligroso y además puedes intimidarlos.

4 Respeta las plantas

No las arranques por diversión, pues las estás maltratando. Sólo si estás haciendo un herbolario, puedes cortar alguna.

¡NOS VAMOS DE EXCURSIÓN!

Además de una cantimplora, la ropa y el calzado adecuados, conviene que incluyas en la mochila otros objetos que pueden serte de gran utilidad cuando estés en el bosque.

Mapa

Lleva un mapa de la zona. Gracias a él encontrarás los caminos y reconocerás las pendientes del terreno.

Binoculares

Si la lupa es para ver de cerca, los binoculares son para ver de lejos. Podrás observar animales en la lejanía.

Brújula

En medio de la espesura de los grandes bosques, la brújula es un instrumento imprescindible para orientarnos.

Lupa

Sirve para ver de cerca
la vida minúscula que
puebla los bosques:
plantas, hongos,
insectos… ¡No
expongas la lupa
a los rayos del sol,
podrías provocar
un fuego!

CONSEJO

Si te extravías, fíjate si en el suelo, las rocas o la corteza
de los árboles crece el musgo. Si es así, te encuentras en
la vertiente norte del bosque.

¿CÓMO FUNCIONA LA BRÚJULA?

Este instrumento basa su funcionamiento en una aguja imantada que señala siempre hacia el norte. A partir de esa información podemos trazar un rumbo sobre un mapa o sobre el propio terreno.

1.800 km

Es la distancia entre el Polo Norte magnético y el Polo Norte geográfico de la Tierra.

CÓMO SEGUIR UN RUMBO

Puntero

1 Referencia

Señala con el puntero hacia el sitio de destino.

2 Giro

Se gira la corona graduada hasta que el puntero quede alineado con la aguja imantada.

Corona graduada

3 Dirección

Mientras el puntero y la aguja estén alineados, sabremos que vamos en la dirección correcta.

Aguja

DESCUBRIR LA GERMINACIÓN

Este experimento te permitirá observar las formas de germinar de distintas plantas a partir de sus semillas.

NECESITARÁS:
- semillas de frijol, girasol y maíz
- vasos de cristal
- papel secante
- tijeras
- algodón
- agua
- marcador

EXPERIMENT

PASO A PASO: las explicaciones en la página siguiente.

PASO UNO

Envuelve el interior de los vasos con papel secante, luego rellena con algodón.

PASO DOS

Coloca las semillas entre el vidrio y el papel secante.

PASO TRES

Llena el vaso de agua, pero sin superar el nivel de las semillas. Cada dos o tres días agrega un poco de agua para mantener húmedo el papel secante.

PASO CUATRO

Marca una escala en el cristal de los vasos para tener un registro diario del progreso de las semillas.

PASO CINCO

Aunque parezca que nada esté sucediendo, la semilla absorbe el agua a través del papel secante. Empiezan a asomar las raíces.

PASO SEIS

Día 8: Han aparecido las primeras hojas. A partir de ese momento, la planta fabricará su propio alimento a través de la fotosíntesis.

Conclusión

La semilla absorbe el agua a través del papel secante. Tras echar raíces en el interior del vaso, brota el tallo, que asciende a la búsqueda de luz.